Green SMOOTHIES

power for you!

Irina Pawassar

Fotos von Brigitte Sporrer

CREATISSIMO
EINFACH.SELBER.MACHEN.

SUPER
DANKE!

Inklusive Rezepte von
Super Danke

EMF

EIN BUCH DER
EDITION MICHAEL FISCHER

Gewidmet Jörg Struthmann

IMPRESSUM

Bibliografische Information der Deutschen Bibliothek.

Die Deutsche Bibliothek verzeichnet diese Publikation in der deutschen Nationalbibliografie. Detaillierte bibliografische Daten sind im Internet über http://www.d-nb.de/ abrufbar.

EIN BUCH DER EDITION MICHAEL FISCHER

2. Auflage 2016

© 2016 Edition Michael Fischer GmbH, Igling

Covergestaltung, Illustrationen und Layout: Leeloo Molnár
Produktmanagement: Annika Christof
Redaktion und Lektorat: Natascha Mössbauer
Fotos: Brigitte Sporrer, München
Fotobearbeitung: Leeloo Molnár

Bildnachweis:
Alle Fotos von Brigitte Sporrer

ISBN 978-3-86355-452-1

Printed in Slovakia

www.emf-verlag.de

REZEPTE

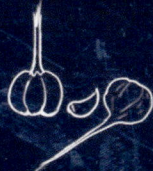

DIE GRUNDLAGEN

SMOOTHIES – POWER FOR YOU

Smoothies sind in aller Munde! Die Misch-getränke aus püriertem Obst und Gemüse schmecken gut, sind ruckzuck zubereitet und obendrein durch ihre frischen Zutaten noch supergesund!

SMOOTHIES GO GREEN

Neben den herkömmlichen Obstsmoothies erhalten nun auch die Grünen Smoothies einen immer steigenden Bekanntheits-grad, und das aus gutem Grund: Das darin enthaltene Blattgrün liefert viele wichtige Vitamine, Enzyme, Mineral- sowie sekun-däre Pflanzenstoffe und sorgt dafür, dass sich die Konsumenten dieses neuen Pow-ergetränks schnell wesentlich fitter, klarer und ausdauernder fühlen.

CHLOROPHYLL SATT

Chlorophyll heißt das Zauberwort, wel-ches den Grünen Smoothie durch seinen erhöhten Pflanzenanteil so gesund macht. Dieser Stoff, der den Pflanzen ihre Farbe verleiht, wird auch gerne

„flüssiges Sonnenlicht" genannt, weil die sogenannten Chloroplasten in der Zelle aus Kohlendioxid, Sonnenlicht und Wasser neue Energie, also Stärke, herstellen. Chlorophyll ist dem Hämo-globin, dem menschlichen Blutfarbstoff, sehr ähnlich. Durch die regelmäßige Einnahme von Grünen Smoothies findet außerdem eine erhöhte Sauerstoffzufuhr statt, was sich physisch und psychisch positiv bemerkbar macht. Chlorophyll ist blutreinigend, entgiftet und wirkt so einer Übersäuerung des menschlichen Körpers entgegen.

GESUNDHEIT AUS DEM GLAS

Durch den erhöhten Anteil von Blattgrün liefern Grüne Smoothies praktisch alle wichtigen Vitamine, Mineralien und Spu-renelemente, viel Eisen und Magnesium. Für die Zubereitung gilt: Je dunkler das Grün der Pflanze, desto mehr Chlorophyll ist darin enthalten. Feldsalat z. B. ist empfehlenswerter als Blattsalat. Je mehr

man also Zugang zu grünem Blattgemüse und frischen Kräutern hat, umso besser! Beim Trinken sollte übrigens darauf geachtet werden, dass der Smoothie etwas länger im Mund bleibt: So können Nährstoffe besser aufgenommen werden!

DIE GERÄTE

Alles, was Sie für die Zubereitung leckerer Smoothies brauchen, sind frische Zutaten und einen leistungsstarken Mixer. Die meisten beginnen zunächst mit einem herkömmlichen Mixer aus einem Haushaltsgeschäft. Oft muss man hierbei jedoch sehr lange pürieren, dadurch entsteht Wärme, und es gehen viele Nährstoffe verloren. Besser ist es, gleich in seine Gesundheit zu investieren und einen guten Hochleistungsmixer, wie z. B. den REVO-BLEND®, zu kaufen. Dieser hat speziell gefertigte Klingen, um alle Zutaten in dreißig Sekunden zu zerkleinern und aufzuspalten; somit bleiben fast alle Nährstoffe erhalten. Auch die cremige Substanz ist

der große Vorteil eines Hochleistungsmixers. Es bleiben keine Blattstückchen übrig und Nüsse, Leinsamen und harte Gemüsesorten können damit leicht püriert werden.

DIE REZEPTE

Die Mengenangaben der Rezepte sind auf 1–2 Portionen abgestimmt, können aber beliebig verändert werden. Ein Teil der grünen Rezepte kommt vom Smoothie-Label Super Danke, diese sind jeweils mit ihrem Logo gekennzeichnet.

SMOOTHIES MACHEN SPAß

Beim Mixen von Grünen und anderen Smoothies sollte auf keinen Fall der Spaß und das Dazulernen zu kurz kommen! Experimentieren Sie mit verschiedenen Gemüsesorten oder nehmen Sie an Wildkräuterwanderungen teil, um die Pflanzenwelt um Sie herum kennenzulernen. Viele schmackhafte und gesunde Kräuter wachsen direkt vor der Haustür und warten nur darauf, von Ihnen entdeckt zu werden!

DIE ZUTATEN

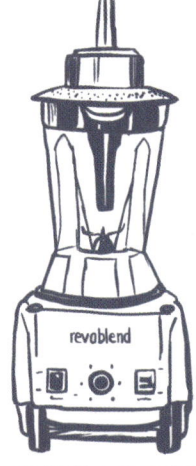

BLATTGEMÜSE & KRÄUTER: Frisches Gemüse und Kräuter bilden die Basis für Grüne Smoothies. Achten Sie hierbei auf Regionalität und Saisonalität! Bio-Zutaten oder selbst gesammelte Kräuter eignen sich am besten. Qualität muss auch nicht teuer sein: Grünkohl z. B. ist ein echtes Superfood und sehr günstig! Auch im heimischen Garten oder unterwegs finden sich oft wahre Schätze! Aber: Immer nur das pflücken, was man kennt und vorher gut waschen.

OBST: Obst ist sehr gesund – voller Vitamine und Mineralstoffe – und schön süß! Da reine Kräutersmoothies sehr herb sind, ist Obst optimal zum Süßen. Bei vielen Obstsorten lässt sich die Schale problemlos mitverwenden, hier sollten Sie allerdings auf Bio-Qualität achten und das Obst vorher sorgfältig waschen! Bei Kindern und Smoothie-Anfängern kann zu Beginn gerne mehr Obst als angegeben verwendet werden.

FLÜSSIGKEITEN: Um die Smoothies zu verdünnen, eignet sich zuallererst Wasser. Wenn Sie die Möglichkeit haben, verwenden Sie am besten reines Quellwasser. Aber auch Kokoswasser (dies hat einen hohen Anteil an Elektrolyten), Mandel- oder Reismilch sind gesunde und leckere Alternativen für die Smoothies.

ZUM SÜSSEN: Ideal sind Datteln (ohne Kern), Kokosblütenzucker, Birkenzucker (Xylit), Honig oder Ahornsirup. Vielen reicht der Fruchtzucker im Obst aus. Wenn Sie möglichst darauf verzichten möchten, verwenden Sie Obst mit wenig Fruchtzuckergehalt, wie z. B. Äpfel oder Birnen.

GEWÜRZE: Kardamom, Minze, Chili, Ingwer und Co. können je nach Belieben eingesetzt werden und verleihen dem Smoothie einen exotischen Beigeschmack mit positiver Wirkung auf die Gesundheit.

SUPERFOODS UND MEHR

CHIA-SAMEN: Diese besondere Energiequelle ist reich an Omega-3-Fettsäuren und vielen anderen wertvollen Inhaltsstoffen.

BRENNNESSEL: Wenn man es schafft, die Brennnessel zu pflücken (am besten mit Handschuhen oder sehr fest zugreifen), ist sie eine wunderbare Eiweißquelle! Auch die Samen sind sehr gesund.

GIERSCH: Der Wildspinat steckt voller Vitamine und Mineralien.

GRÜNKOHL: Grünkohl zählt zu einem der gesündesten Nahrungsmittel. Voller Vitamine, Mineral- und Ballaststoffe bereichert er jeden Smoothie. Als Grünkohlersatz eignet sich auch Wirsing.

HANFPULVER/HANFSAMEN: Sie gelten als die wertvollsten Eiweißlieferanten der Welt! Geschälte Hanfsamen machen den Smoothie noch cremiger.

KOKOSNUSS: Das Wasser der jungen Kokosnuss gilt als Superfood, ist dem menschlichen Blutplasma sehr ähnlich und voller Elektrolyte, welche die Austrocknung, z. B. bei Sportlern, verhindern. Auch Kokosflocken sind hierzulande leicht zu bekommen, sind gesund und schmecken wunderbar – egal, ob verarbeitet im Smoothie oder als Topping obenauf.

LEINSAMEN: Leinsamen stecken voller Omega-3-Fettsäuren, Ballaststoffe und fördern die Verdauung.

LÖWENZAHN: Löwenzahn ist ein wahres Wunderkraut, regt den Stoffwechsel an und ist sehr gut für die Leber.

SPIRULINA: Die dunkelgrüne Alge – pures Chlorophyll – wird auch „Königin der Proteine" genannt und steckt voller Eiweiß. Besonders beliebt ist sie wegen ihrer entschlackenden Wirkung.

BLOODY & BERRY

Erdbeeren und Basilikum – die Sommermischung für feinschmecker! Die Erdbeeren sind wahre Vitamin-C-Bomben, haben wenig Kalorien und schmecken einfach lecker. Das Basilikum, auch Königskraut genannt, liefert wertvolle Inhaltsstoffe, mit denen man sich durchaus etwas königlicher fühlt!

250 g Erdbeeren

½ Banane

etwa 8-10 g Basilikumblätter

100 ML WASSER

OPTIONAL:
2-3 KARDAMOMKAPSELN

9

ROCK IT BABY

Rucola rockt! In diesem Smoothie vereinen sich der würzige Geschmack von Rucola, auch Rauke genannt, mit der fruchtig-frischen Orange. Herrlich! Die Schale der Orange soll sogar noch gesünder als das Fruchtfleisch sein, vorausgesetzt natürlich sie ist nicht gespritzt!

1 UNBEHANDELTE ORANGE

MIT ETWAS SCHALE

30 G RUCOLA

½ Banane

OPTIONAL:

NACHSÜSSEN MIT
KOKOSBLÜTENZUCKER

A-GAME

SUPER DANKE!

Äpfel, Datteln, Spinat, Avocado,
Trauben: Ein Powerdrink voller
Gesundheit zum Fit-Bleiben!
Optimal zum Mitnehmen für
unterwegs oder zum Sport.

50 g Spinat

110 g ··· Apfel··⁹

20 g Datteln

5 g Chia-Samen

40 G TRAUBEN

40 G AVOCADO

760 g REIS-/ KOKOSMILCH

Eiswürfel nach Belieben

immersatt

Kohl ist das neue „Superfood" schlechthin! Mit vielen Vitaminen, Mineral- und Ballaststoffen hat das Gemüse eine sehr gesundheitsfördernde Wirkung. Zusammen mit der Avocado, die reichlich gesunde Fette enthält, ergibt sich ein leckerer und supergesunder grüner Smoothie.

tipp

Wer die nahrhafte Kiwischale mitverarbeiten möchte, verwendet am besten eine Bio-Kiwi.

mampf

1 Handvoll (etwa 30-40 g) Wirsingblätter – ohne Stiel, alternativ Grünkohl

200 ML WASSER

1 KIWI

1 TL KOKOS-BLÜTENZUCKER ODER BIRKENZUCKER (XYLIT)

1 Birne

1/4 AVOCADO

Sexy Thing

Fast wie ein richtiger Beach Cocktail –
nur besser! Nämlich voll mit wertvollen
Mineralstoffen, Antioxidantien und
Chlorophyll. Der tropische Geschmack
bringt gute Laune und schmeckt nach
Sonne, Strand und Meer!

etwa 10 g
Koriandergrün

250 g

Ananas

1 EL *Avocado*

20 g
Kokosflocken

*1 EL Sesamkörner (15 g) –
auch geröstet sehr lecker, dann sind
sie aber weniger gehaltvoll*

MEXICAN MANGO

Spinat, Obst und Mandelmilch sind sehr gesund und superlecker im Geschmack! Durch die Zerkleinerung im Hochleistungsmixer können die Zutaten optimal vom Körper aufgenommen werden.

40 g Spinat

170 g Mandelmilch

200 g Mango

70 G GRÜNE TRAUBEN

15 G AGAVENDICKSAFT

Eiswürfel

ROAD DRINK

Brennnessel ist sooo gesund. Zusammen
mit Aprikosen und Pfirsichen ergibt sich ein
erfrischender und süßer Sommercocktail!
Für eine Extraportion Eiweiß und die tief-
grüne Farbe sorgt etwas Spirulina-Pulver.

GO

1 HANDVOLL
(ETWA 20–30 G)
BRENNNESSELBLÄTTER
(AUCH MIT SAMEN)

200 ML WASSER

4 5 3 6 2 7 1 8

1 EL
AVOCADO

frische
(oder
getrocknete)
Aprikosen

3 PFIRSICHE

1 TL spirulina

Gartentraum

Der Smoothie schlechthin aus heimischen Superfoods! Der Löwenzahn liefert eine Fülle gesunder Nährstoffe, die Himbeeren und Datteln sorgen für die nötige Süße, und die frische Minze gibt dem Powergetränk den letzten Frischekick!

tipp

Beim Selberpflücken am besten nur kleine bis mittelgroße Löwenzahnblätter verwenden: Diese sind jünger und gehaltvoller.

150 ML WASSER

200 G HIMBEEREN

DATTELN

4 - 5

5 g Minzblätter

eine halbe Handvoll
Löwenzahn
(etwa 20 g)

23

Wilde Hilde

Giersch ist viel mehr als lästiges Unkraut! Die wertvolle Heilpflanze steckt voller Vitamine und Mineralstoffe und ist zudem im Sommer sehr leicht zu bekommen. Das süße Obst macht diesen Smoothie zu einem richtigen Powerdrink.

150 ML WASSER

2 EL (15 g)
Chia-Samen

etwa 20 g
Giersch

1 Banane

250g Aprikosen

(OHNE KERNE)

Topping:
etwas Hanfpulver

SUPER DANKE!

Pineapple Express

Müsli plus Smoothie: Das ergibt ein leckeres und sehr
sättigendes Frühstück! Die Ananas weckt die Geister am
Morgen, und die Banane liefert wichtiges Kalzium, für
einen guten Start in den Tag.

130 g Ananas

100 g gefrorene
Banane

15 g
Datteln

15 g Müsli

80 G HAFERMILCH

40 g
Spinat

5 g Hanf-
Protein-Pulver

4 Eiswürfel

27

Green Lemonade

Limo ja, aber wenn, dann gesund! Diese schmeckt prickelnd wie der Sommer, frisch und grün wie die Wiese und lecker obendrein. Die Minze mit ihrer Wirkung als Heilpflanze verleiht dem Getränk noch den nötigen Kick.

MIT REINEM ZUCKER ZUBEREITET

Limonade

MIT FRUCHTGESCHMACK
-GEFÄRBT-

100 ML WASSER

optional:
100 ml Mineralwasser

5 g Minzblätter

Saft einer unbehandelten
LIMETTE oder ZITRONE

(MIT ETWAS SCHALE)

2 TL KOKOSBLÜTENZUCKER
ODER BIRKENZUCKER
(XYLIT)

halbe Gurke
(ETWA 300 G)

HONEY & TINI ♡

Mmh … das schmeckt nach Sommer! Die Honigmelone ist voller Vitamine, zuckersüß und verleiht dem Smoothie eine schöne Farbe. An heißen Tagen einfach noch Eiswürfel dazugeben und fertig ist der gesunde Sommerdrink.

Topping: Etwas abgeriebene Zitronenschale

350G HONIGMELONE

Minzblätter nach Geschmack

SAFT EINER *unbehandelten* ZITRONE

3-4 EISWÜRFEL

31

Eisenkönig

Petersilie in einem Smoothie? Ja, denn dieses Kraut
ist viel mehr als Deko und steckt voller wichtigem
Eisen! Zusammen mit Fenchel und Orange ergibt sich
ein leckerer Gesundheits-Cocktail vom feinsten.

2 UNBEHANDELTE ORANGEN
(mit etwas Schale)

½ HANDVOLL PETERSILIE

150 ML WASSER

80 g Fenchel

33

green MACHINE

Grüne Power! Dieser eisenhaltige Cocktail schmeckt lecker und ist gleichzeitig sehr gesund. Der Stangensellerie ist eine echte Nährstoffbombe und die Portion Ingwer verleiht den speziellen Pfiff!

140 ML WASSER

15 G PETERSILIE

2 G Olivenöl

2 G INGWER

40 G STANGENSELLERIE
mit Blättern

80 G GURKE
OHNE KERNE

10 g Agavendicksaft

10 g Zitrone

4 Eiswürfel

150 G MANGO

35

POWERBOMBE

Grünkohl und Mango? Mehr gesunde Superfood-Power geht kaum! Diese fruchtig-frische Kombi hält fit und gibt Kraft für den ganzen Tag. In England und den USA genießt die Smoothie-Kombination mit Grünkohl (engl. kale) übrigens bereits Kultstatus.

150–200 ML WASSER

eine
Mango

15 G LEINSAMEN

1 HANDVOLL
Grünkohl

Die Leinsamen werden im Hochleistungsmixer gut aufgespalten
und fördern die Verdauung.

37

HAPPY PEAR

„Und kam die goldene Herbsteszeit ..." – die gute alte Birne enthält Glückshormone, B-Vitamine und stärkt die Nerven. Mit geschälten Hanfsamen cremig gemixt, bietet dieser Smoothie eine optimale Versorgung für die ersten kalten Tage. Und ganz nebenbei ist der Titel eine Hommage an das wohl beste Café Irlands ...

4-6 DATTELN

3 EL GESCHÄLTE HANFSAMEN (40 G)

2 Birnen

½ Handvoll Petersilie

100 ML WASSER

39

MAGIC MANNI

Mangold ist ein super Chlorophyll- und Eisenlieferant! Weintrauben liefern schnelle Energie, sollten aber unbedingt ungespritzt sein. Zusammen mit den Chia-Samen bläst dieser Drink jede Müdigkeit ganz schnell weg!

150 ML WASSER

1 Handvoll Mangold
(ohne Stiel), 80 g

etwa 20 g grüne
Weintrauben

1 Banane

2 EL CHIA-SAMEN

RUCOLA ROCKET

SUPER DANKE!

Mmh ... Chlorophyll, frucht und Nuss – eine wunderbare Kombination! Rucola ist sehr gesund und liefert viel Eisen und Kalzium. Anstelle von Rucola kann man auch Wilde Rauke verwenden – sie wächst am Wegrand, ist aber seltener zu bekommen!

140 g
Walnussmilch

150 g Apfel

85 g Banane

30 g
Rucola

4 EISWÜRFEL

Goa Beach

Noch ein Beach-Cocktail – exotisch, tropisch, sinnlich!
Die Papaya wurde schon von Christoph Kolumbus „Frucht
der Engel" genannt und ist supergesund! Chili regt den
Stoffwechsel an und wärmt schön von innen …

Topping:
ein paar Kokos-
flocken oder eine
Handvoll
Papaya-Kerne

100 ML WASSER

alternativ Kokos-wasser

Saft einer unbehandelten Limette

mit etwas SCHALE

EINIGE MINZBLÄTTER
nach Geschmack

1/2 Papaya mit Kernen

500–600 g

1 kleines Stück Chilischote (rot)

2 EL Kokosflocken

45

BRO-Saft

Brokkoli wirkt entgiftend und zählt zu den gesündesten Gemüsesorten! Gemeinsam mit dem wärmend-würzigen Ingwer erhält man einen schmackhaften Wintersmoothie mit Biss!

Saft einer ZITRONE

Zwei unbehandelte ORANGEN (MIT ETWAS SCHALE)

1 EL Avocado

1 kleines Stück INGWER

70 G Brokkoli (RÖSCHEN OHNE STIEL)

47

ÜBER DIE AUTOREN

Irina Pawassar (www.smoothirina.com) bereitet seit vielen Jahren Smoothies für Familie und Freunde zu und gibt regelmäßig Smoothie-Workshops. Sie absolvierte eine Ausbildung zum „Raw Food Chef" (Vitalkostkoch) in den USA und hat auf etlichen Seminaren in Irland Vitalkost „geunkocht". Mit ihrer Begeisterung für einfache, aber supergesunde Ernährung konnte sie schon viele anstecken. Als Chefköchin im Münchner Restaurant „Gratitude" kreierte sie viele farbenfrohe Smoothies und brachte dabei immer wieder das wichtige Chlorophyll mit ein. Eine Grippe hatte sie seit sechs Jahren nicht mehr.

Super Danke wurde im Frühjahr 2014 ins Leben gerufen, um die Begeisterung für leckere und nahrhafte Green Smoothies mit möglichst vielen Menschen zu teilen. Der Fokus liegt neben dem Geschmack vor allem in der Verwendung bester lokaler und saisonaler Zutaten. Ausgewählte exotische Früchte und Toppings verleihen den Drinks zusätzlichen „Popeye Punch". Neben einer dynamischen Karte mit frisch gemixten Green Smoothies, wie z. B. dem „Hulk", „Bloody Hell" oder „Espresso Love", bietet Super Danke in den Filialen und im Online-Shop außerdem die Super-Cleanse-Saftkur an.

Sie finden Super Danke unter:
www.superdanke.com
oder in München:
Türkenstraße 66, Maxvorstadt
Fraunhoferstraße 32, Glockenbach
und Innsbruck:
Bruneckerstraße 1–3, Pema
Südtiroler Platz 3–5, Hauptbahnhof
Franz-Fischer-Straße 8
Universitätsstraße 15b